Aventuras con Amigos: Cuentos bilingües inglés español para niños

Artici English

Published by Artici English, 2024.

AVENTURAS CON AMIGOS: CUENTOS BILINGÜES INGLÉS ESPAÑOL PARA NIÑOS

First edition. June 4, 2024.

Copyright © 2024 Artici English.

ISBN: 979-8227236425

Written by Artici English.

Table of Contents

Princess Penelope and the Dragon's Secret

Once upon a time, in the magical kingdom of Glimmer, there lived a brave young princess named Penelope. Penelope wasn't like any other princess. She loved adventures, reading stories about heroes, and most of all, she loved to explore the kingdom with her best friend, a little dragon named Spark.

Penelope's parents, King Percival and Queen Prudence, were very proud of their daughter. They often worried about her safety but knew that her bravery and kindness would always guide her. Penelope's bedroom was filled with maps, compasses, and books about distant lands and mysterious creatures. Her favorite story was about the legendary Dragon's Secret, a magical gemstone said to have the power to grant any wish.

One sunny morning, Penelope woke up with a sense of excitement. Today felt different, as if an adventure was just around the corner. She quickly dressed in her favorite tunic and boots, grabbed her knapsack, and dashed out to find Spark.

Spark was a small dragon with shimmering scales that glowed like the stars. He was fiercely loyal to Penelope and had been her companion since she was a baby. They communicated with a special bond, understanding each other without words.

"Spark, I have a feeling something amazing is going to happen today," Penelope said, her eyes twinkling.

They set off into the enchanted forest, following a winding path that led them deeper into the woods. The trees seemed to whisper secrets, and the air was filled with the scent of blooming flowers. After walking for hours, they came across a peculiar sight—a giant, ancient tree with a door carved into its trunk.

Penelope's heart raced with excitement. She approached the door and knocked three times. To her surprise, the door creaked open, revealing a dark tunnel lit by glowing crystals. Without hesitation, Penelope and Spark ventured inside.

The tunnel led them to a vast underground chamber filled with treasures beyond imagination. Gold coins, sparkling jewels, and precious artifacts were scattered everywhere. But what caught Penelope's eye was a pedestal in the center of the room, holding a beautiful, radiant gemstone—the Dragon's Secret.

As she approached the gemstone, an old, wise voice echoed through the chamber. "Who dares to seek the Dragon's Secret?"

Penelope stood tall and replied, "I am Princess Penelope of Glimmer, and I seek the Dragon's Secret to help my kingdom and bring joy to my people."

A magnificent dragon, much larger than Spark, emerged from the shadows. His scales were a deep emerald green, and his eyes glowed with ancient wisdom. "I am Draconis, guardian of the Dragon's Secret. To prove your worth, you must answer a riddle."

Penelope nodded, her heart pounding with anticipation.

Draconis asked, "I speak without a mouth and hear without ears. I have no body, but I come alive with the wind. What am I?"

Penelope thought carefully. She remembered a story her mother had told her about the mysteries of nature. Suddenly, it came to her. "An echo!" she exclaimed.

Draconis smiled, his eyes twinkling with approval. "You are indeed worthy, Princess Penelope. The Dragon's Secret is yours, but remember, its power must be used with wisdom and kindness."

Penelope took the gemstone, feeling its warmth and magic. She thanked Draconis and promised to use its power for good. As she and Spark made their way back to the castle, they couldn't wait to share their incredible adventure with everyone.

Back at the castle, Penelope used the Dragon's Secret to bring joy and prosperity to Glimmer. She helped the farmers grow bountiful crops, healed the sick, and created beautiful gardens for everyone to enjoy. The kingdom flourished, and Penelope's bravery and wisdom became legendary.

From that day on, Princess Penelope and Spark continued to have many more adventures, always guided by the principles of courage, kindness, and the magic of the Dragon's Secret. And so, the kingdom of Glimmer lived happily ever after, forever grateful to their brave princess and her loyal dragon.

La Princesa Penélope y el Secreto del Dragón

Había una vez, en el mágico reino de Destello, una valiente joven princesa llamada Penélope. Penélope no era como las demás princesas. Le encantaban las aventuras, leer historias sobre héroes y, sobre todo, le encantaba explorar el reino con su mejor amigo, un pequeño dragón llamado Chispa.

Los padres de Penélope, el Rey Percival y la Reina Prudencia, estaban muy orgullosos de su hija. A menudo se preocupaban por su seguridad, pero sabían que su valentía y amabilidad siempre la guiarían. El dormitorio de Penélope estaba lleno de mapas, brújulas y libros sobre tierras lejanas y criaturas misteriosas. Su historia favorita era sobre el legendario Secreto del Dragón, una gema mágica que se decía tenía el poder de conceder cualquier deseo.

Una mañana soleada, Penélope se despertó con una sensación de emoción. Hoy se sentía diferente, como si una aventura estuviera a la vuelta de la esquina. Se vistió rápidamente con su túnica y botas favoritas, agarró su mochila y corrió a buscar a Chispa.

Chispa era un pequeño dragón con escamas brillantes que resplandecían como las estrellas. Era ferozmente leal a Penélope y había sido su compañero desde que ella era un bebé. Se comunicaban con un vínculo especial, entendiendo el uno al otro sin palabras.

"Chispa, tengo la sensación de que algo increíble va a suceder hoy," dijo Penélope, con los ojos brillando.

Se adentraron en el bosque encantado, siguiendo un camino sinuoso que los llevó más profundamente en el bosque. Los árboles parecían susurrar secretos y el aire estaba lleno del aroma de flores en flor. Después de caminar durante horas, encontraron una vista peculiar: un árbol gigante y antiguo con una puerta tallada en su tronco.

El corazón de Penélope latía con emoción. Se acercó a la puerta y llamó tres veces. Para su sorpresa, la puerta se abrió con un chirrido, revelando un túnel oscuro iluminado por cristales resplandecientes. Sin dudarlo, Penélope y Chispa se adentraron.

El túnel los llevó a una vasta cámara subterránea llena de tesoros inimaginables. Monedas de oro, joyas brillantes y artefactos preciosos estaban esparcidos por todas partes. Pero lo que más llamó la atención de Penélope fue un pedestal en el centro de la sala, sosteniendo una hermosa gema radiante: el Secreto del Dragón.

Mientras se acercaba a la gema, una voz anciana y sabia resonó en la cámara. "¿Quién se atreve a buscar el Secreto del Dragón?"

Penélope se mantuvo erguida y respondió, "Soy la Princesa Penélope de Destello, y busco el Secreto del Dragón para ayudar a mi reino y traer alegría a mi gente."

Un magnífico dragón, mucho más grande que Chispa, emergió de las sombras. Sus escamas eran de un profundo verde esmeralda y sus ojos brillaban con antigua sabiduría. "Soy Draconis, guardián del Secreto del Dragón. Para demostrar tu valía, debes responder un acertijo."

Penélope asintió, con el corazón latiendo de anticipación.

Draconis preguntó, "Hablo sin boca y escucho sin oídos. No tengo cuerpo, pero cobro vida con el viento. ¿Qué soy?"

Penélope pensó cuidadosamente. Recordó una historia que su madre le había contado sobre los misterios de la naturaleza. De repente, se le ocurrió. "¡Un eco!" exclamó.

Draconis sonrió, con los ojos brillando de aprobación. "Eres digna, Princesa Penélope. El Secreto del Dragón es tuyo, pero recuerda, su poder debe ser usado con sabiduría y amabilidad."

Penélope tomó la gema, sintiendo su calor y magia. Agradeció a Draconis y prometió usar su poder para el bien. Mientras ella y Chispa regresaban al castillo, no podían esperar para compartir su increíble aventura con todos.

De vuelta en el castillo, Penélope usó el Secreto del Dragón para traer alegría y prosperidad a Destello. Ayudó a los agricultores a cultivar cosechas abundantes, curó a los enfermos y creó hermosos jardines para que todos disfrutaran. El reino prosperó y la valentía y sabiduría de Penélope se volvieron legendarias.

Desde ese día, la Princesa Penélope y Chispa continuaron teniendo muchas más aventuras, siempre guiados por los principios de coraje, bondad y la magia del Secreto del Dragón. Y así, el reino de Destello vivió feliz por siempre, eternamente agradecido a su valiente princesa y su leal dragón.

Maribel, the Forgetful Mermaid

Once upon a time, in the shimmering depths of the Coral Sea, there lived a mermaid named Maribel. Maribel was not like any other mermaid. While others spent their days singing, dancing, and collecting treasures from sunken ships, Maribel had a bit of a problem—she was terribly forgetful.

Maribel's home was a beautiful underwater cave decorated with colorful seashells, glittering pearls, and starfish of every shape and size. Despite this, she could never remember where she put things. One day her comb would be in her clam-shell bed, the next day it might be in the seaweed pantry, and sometimes it would end up in her friend Puffer's bubble house!

Her friends, a playful pod of dolphins, a wise old turtle named Tully, and Puffer, a pufferfish who could always make her laugh, loved Maribel dearly. They often helped her find her lost belongings and gently reminded her of things she had forgotten.

One sunny morning, Maribel woke up with an important task on her mind. She had been chosen to play her magical shell harp at the annual Underwater Festival, a grand celebration attended by sea creatures from all around the Coral Sea. The thought filled her with excitement and a bit of nervousness.

"Today is the big day!" she exclaimed, swimming in circles with joy. "I mustn't forget my shell harp!"

But as the day went on, Maribel became distracted by her friends and the vibrant coral reefs. She played tag with the dolphins, listened to Tully's ancient stories, and giggled at Puffer's silly jokes. Before she knew it, the sun was setting, and it was almost time for the festival.

"Oh no! My shell harp!" Maribel gasped. She searched her cave frantically but couldn't find it anywhere. Her heart sank. How could she have forgotten something so important?

Desperate, Maribel swam to her friends for help. "I can't find my shell harp, and the festival is about to start!"

The dolphins clicked in concern, and Tully pondered for a moment before saying, "Think, Maribel. Where did you last see it?"

Maribel closed her eyes and tried to remember. "I was practicing near the Giant Clam's garden yesterday," she recalled.

Without wasting another moment, they all swam towards the Giant Clam's garden. The sun's last rays filtered through the water, casting a golden glow on the colorful corals. There, among the swaying seaweed, lay the shell harp, sparkling in the dim light.

"Oh, thank goodness!" Maribel sighed with relief. She grabbed the harp and hugged her friends. "Thank you so much! I don't know what I would do without you."

With her harp in hand, Maribel hurried to the festival. The grand coral stage was decorated with glowing jellyfish lanterns, and sea creatures of all shapes and sizes had gathered, chattering excitedly. King Neptune himself sat on his throne, waiting for the music to begin.

Maribel took a deep breath and swam to the center of the stage. As she began to play, the soft, melodious sounds of the harp filled the water, enchanting everyone present. The notes swirled around like a gentle current, lifting spirits and spreading joy. Maribel played with all her heart, forgetting her worries and immersing herself in the music.

The performance was a huge success. The audience cheered and clapped their fins, and King Neptune himself praised Maribel's talent. She felt a warm glow of happiness and pride. Despite her forgetfulness, she had managed to bring joy to everyone.

After the festival, Maribel's friends gathered around her. "You were amazing!" Puffer exclaimed, puffing up in excitement.

Tully nodded wisely. "You see, Maribel, sometimes we forget things, but we should never forget who we are. You are talented and kind, and that's what matters most."

Maribel smiled, feeling grateful for her friends. "Thank you, everyone. I promise to work on my forgetfulness. But even if I forget, I'm lucky to have friends like you who always have my back."

And so, Maribel continued her adventures in the Coral Sea, always surrounded by her loyal friends. She might have been forgetful, but she was also brave, kind-hearted, and talented. With her friends' help, she learned to laugh at her mistakes and never let them stop her from doing what she loved.

As the days passed, Maribel became better at remembering things, but even when she did forget, she knew she could always count on her friends. Together, they made every day in the Coral Sea an unforgettable adventure.

Maribel, la Sirena Olvidadiza

Había una vez, en las brillantes profundidades del Mar de Coral, una sirena llamada Maribel. Maribel no era como las demás sirenas. Mientras las otras pasaban sus días cantando, bailando y recolectando tesoros de barcos hundidos, Maribel tenía un pequeño problema: era terriblemente olvidadiza.

El hogar de Maribel era una hermosa cueva submarina decorada con coloridas conchas, perlas relucientes y estrellas de mar de todas las formas y tamaños. A pesar de esto, nunca podía recordar dónde ponía las cosas. Un día su peine estaría en su cama de concha, al día siguiente podría estar en la despensa de algas y, a veces, terminaba en la casa de burbujas de su amigo Globo.

Sus amigos, un grupo juguetón de delfines, una vieja y sabia tortuga llamada Tully y Globo, un pez globo que siempre la hacía reír, amaban mucho a Maribel. A menudo la ayudaban a encontrar sus objetos perdidos y le recordaban amablemente las cosas que había olvidado.

Una mañana soleada, Maribel se despertó con una tarea importante en mente. Había sido elegida para tocar su arpa de concha mágica en el festival anual submarino, una gran celebración a la que asistían criaturas marinas de todo el Mar de Coral. La idea la llenaba de emoción y un poco de nerviosismo.

"¡Hoy es el gran día!" exclamó, nadando en círculos de alegría. "¡No debo olvidar mi arpa de concha!"

Pero a medida que pasaba el día, Maribel se distrajo con sus amigos y los vibrantes arrecifes de coral. Jugó a las escondidas con los delfines, escuchó las antiguas historias de Tully y se rió de los chistes tontos de Globo. Antes de darse cuenta, el sol se estaba poniendo y casi era hora del festival.

"¡Oh no! ¡Mi arpa de concha!" exclamó Maribel. Buscó frenéticamente en su cueva, pero no pudo encontrarla por ninguna parte. Su corazón se hundió. ¿Cómo podría haber olvidado algo tan importante?

Desesperada, Maribel nadó hacia sus amigos en busca de ayuda. "¡No encuentro mi arpa de concha y el festival está a punto de comenzar!"

Los delfines chasquearon preocupados, y Tully reflexionó un momento antes de decir, "Piensa, Maribel. ¿Dónde la viste por última vez?"

Maribel cerró los ojos y trató de recordar. "Estaba practicando cerca del jardín de la Almeja Gigante ayer," recordó.

Sin perder un momento más, todos nadaron hacia el jardín de la Almeja Gigante. Los últimos rayos del sol se filtraban a través del agua, proyectando un brillo dorado sobre los coloridos corales. Allí, entre las algas ondulantes, estaba el arpa de concha, resplandeciente en la tenue luz.

"¡Oh, gracias al cielo!" suspiró Maribel con alivio. Agarró el arpa y abrazó a sus amigos. "¡Muchas gracias! No sé qué haría sin ustedes."

Con el arpa en la mano, Maribel se apresuró al festival. El grandioso escenario de coral estaba decorado con linternas de medusas brillantes, y criaturas marinas de todas las formas y tamaños se habían reunido, charlando emocionadas. El propio Rey Neptuno estaba sentado en su trono, esperando a que comenzara la música.

Maribel respiró hondo y nadó hacia el centro del escenario. Cuando comenzó a tocar, los suaves y melódicos sonidos del arpa llenaron el agua, encantando a todos los presentes. Las notas giraban como una corriente suave, levantando los ánimos y esparciendo alegría. Maribel tocó con todo su corazón, olvidando sus preocupaciones y sumergiéndose en la música.

La actuación fue un gran éxito. El público aplaudió y batió sus aletas, y el propio Rey Neptuno elogió el talento de Maribel. Ella sintió un cálido resplandor de felicidad y orgullo. A pesar de su olvido, había logrado traer alegría a todos.

Después del festival, los amigos de Maribel se reunieron a su alrededor. "¡Fuiste increíble!" exclamó Globo, hinchándose de emoción.

Tully asintió sabiamente. "Ves, Maribel, a veces olvidamos cosas, pero nunca debemos olvidar quiénes somos. Eres talentosa y amable, y eso es lo que más importa."

Maribel sonrió, sintiéndose agradecida por sus amigos. "Gracias a todos. Prometo trabajar en mi olvido. Pero incluso si olvido, tengo la suerte de tener amigos como ustedes que siempre me respaldan."

Y así, Maribel continuó sus aventuras en el Mar de Coral, siempre rodeada de sus leales amigos. Podría ser olvidadiza, pero también era valiente, bondadosa y talentosa. Con la ayuda de sus amigos, aprendió a reírse de sus errores y a nunca dejar que la detuvieran de hacer lo que amaba.

Conforme pasaban los días, Maribel se volvió mejor para recordar las cosas, pero incluso cuando olvidaba, sabía que siempre podía contar con sus amigos. Juntos, hacían de cada día en el Mar de Coral una aventura inolvidable.

Rebecca, the Singing Sheep

Once upon a time, in the rolling hills of Woolly Meadow, there lived a sheep named Rebecca. Rebecca wasn't like any other sheep in the meadow. While others spent their days munching on grass and napping under the sun, Rebecca had a special talent—she loved to sing.

Rebecca's wool was as white as snow, and her voice was as sweet as honey. She would sing every morning, noon, and night, filling the meadow with beautiful melodies. Her songs were so enchanting that the other animals would often stop and listen, mesmerized by her voice.

One day, as Rebecca was practicing a new song by the babbling brook, a curious little lamb named Timmy approached her. Timmy's eyes were wide with admiration. "Rebecca, you have the most beautiful voice in the whole meadow! Can you teach me to sing like you?"

Rebecca smiled warmly. "Of course, Timmy! Singing is all about expressing what's in your heart. Let's start with some simple scales."

Rebecca and Timmy spent the afternoon singing together. Timmy's voice was small and shaky at first, but with Rebecca's encouragement, it grew stronger and more confident. The other sheep began to take notice, and soon, a crowd had gathered to listen.

As the days went by, more and more animals joined Rebecca's singing lessons. There was Chloe, the cheerful cow with a surprisingly deep voice; Benny, the bashful bunny who sang in a high, squeaky tone; and even Old MacDonald's dog, Rufus, who howled along in his own unique way.

One sunny morning, the animals gathered in the meadow for their usual singing session when Farmer Brown approached them with a worried look on his face. "There's trouble in the village, everyone," he announced. "A terrible storm has damaged the town hall, and the annual Spring Festival might be canceled!"

The animals gasped in shock. The Spring Festival was the highlight of the year, a joyous event filled with music, dancing, and laughter. The thought of it being canceled was heartbreaking.

Rebecca stepped forward, her heart filled with determination. "Farmer Brown, maybe we can help! We can use our voices to raise everyone's spirits and encourage the villagers to come together and repair the town hall."

Farmer Brown looked hopeful. "That's a wonderful idea, Rebecca! If anyone can lift their spirits, it's you and your friends."

With a plan in mind, Rebecca and her musical troupe set off for the village. They practiced their songs as they walked, their voices blending together in perfect harmony. When they arrived, they found the villagers feeling glum and disheartened. The town hall was in ruins, and no one seemed to know where to start.

Rebecca took a deep breath and began to sing. Her voice soared through the air, carrying a message of hope and resilience. One by one, the other animals joined in—Chloe's deep, soothing voice, Benny's high, cheerful notes, and Rufus's enthusiastic howls. Timmy, now a confident young lamb, sang with all his heart.

The villagers stopped what they were doing and listened. Slowly, smiles began to spread across their faces. The music filled them with renewed energy and determination. Inspired by Rebecca and her friends, they picked up their tools and began to work on the town hall.

As the animals continued to sing, the villagers hammered, sawed, and painted. They worked together in perfect harmony, just like the melodies that filled the air. By the end of the day, the town hall was restored to its former glory, even more beautiful than before.

The villagers cheered and hugged one another, grateful for the animals' help. Farmer Brown couldn't stop smiling. "You did it, Rebecca! You and your friends saved the Spring Festival!"

Rebecca blushed modestly. "We just wanted to help. Music has a way of bringing people together and making everything seem a little brighter."

That evening, the Spring Festival went ahead as planned. The town hall was decorated with colorful ribbons and lanterns, and the villagers danced and sang late into the night. Rebecca and her friends were the stars of the show, performing their songs to an audience filled with joy and gratitude.

From that day on, Rebecca and her friends continued to share their gift of music with everyone they met. They sang in the meadows, in the village, and even beyond, spreading happiness wherever they went. And Rebecca, the singing sheep, became a legend in Woolly Meadow, reminding everyone that a little bit of music can make a world of difference.

Rebeca, la Oveja Cantante

Había una vez, en las ondulantes colinas de Prado Lanudo, una oveja llamada Rebeca. Rebeca no era como las demás ovejas en el prado. Mientras las otras pasaban sus días mordisqueando hierba y tomando siestas bajo el sol, Rebeca tenía un talento especial: le encantaba cantar.

El lana de Rebeca era tan blanca como la nieve, y su voz tan dulce como la miel. Cantaba todas las mañanas, al mediodía y por la noche, llenando el prado con melodías hermosas. Sus canciones eran tan encantadoras que los otros animales a menudo se detenían a escuchar, hipnotizados por su voz.

Un día, mientras Rebeca practicaba una nueva canción junto al arroyo murmurante, un corderito curioso llamado Timmy se acercó a ella. Los ojos de Timmy estaban llenos de admiración. "¡Rebeca, tienes la voz más hermosa de todo el prado! ¿Puedes enseñarme a cantar como tú?"

Rebeca sonrió cálidamente. "¡Por supuesto, Timmy! Cantar se trata de expresar lo que hay en tu corazón. Empecemos con algunas escalas simples."

Rebeca y Timmy pasaron la tarde cantando juntos. La voz de Timmy era pequeña y temblorosa al principio, pero con el aliento de Rebeca, se volvió más fuerte y confiada. Las otras ovejas empezaron a darse cuenta, y pronto, una multitud se había reunido para escuchar.

Con el paso de los días, más y más animales se unieron a las lecciones de canto de Rebeca. Estaba Chloe, la alegre vaca con una voz sorprendentemente profunda; Benny, el tímido conejito que cantaba con un tono agudo y chillón; e incluso Rufus, el perro del viejo MacDonald, que aullaba a su manera única.

Una mañana soleada, los animales se reunieron en el prado para su sesión de canto habitual cuando el Granjero Brown se acercó a ellos con una expresión preocupada en su rostro. "Hay problemas en el pueblo, amigos," anunció. "Una terrible tormenta ha dañado el ayuntamiento, ¡y el Festival de Primavera anual podría ser cancelado!"

Los animales jadeaban sorprendidos. El Festival de Primavera era el evento más destacado del año, una celebración llena de música, baile y risas. La idea de que fuera cancelado era desgarradora.

Rebeca dio un paso adelante, su corazón lleno de determinación. "Granjero Brown, ¡quizás podamos ayudar! Podemos usar nuestras voces para levantar el ánimo de todos y animar a los aldeanos a unirse y reparar el ayuntamiento."

El Granjero Brown se veía esperanzado. "¡Es una idea maravillosa, Rebeca! Si alguien puede levantarles el ánimo, son tú y tus amigos."

Con un plan en mente, Rebeca y su grupo musical se dirigieron al pueblo. Practicaron sus canciones mientras caminaban, sus voces se mezclaban en perfecta armonía. Cuando llegaron, encontraron a los aldeanos tristes y desanimados. El ayuntamiento estaba en ruinas y nadie parecía saber por dónde empezar.

Rebeca respiró hondo y comenzó a cantar. Su voz se elevó en el aire, llevando un mensaje de esperanza y resiliencia. Uno a uno, los otros animales se unieron: la voz profunda y tranquilizadora de Chloe, las notas altas y alegres de Benny, y los entusiastas aullidos de Rufus. Timmy, ahora un cordero confiado, cantó con todo su corazón.

Los aldeanos dejaron de hacer lo que estaban haciendo y escucharon. Poco a poco, las sonrisas comenzaron a extenderse por sus rostros. La música los llenó de energía y determinación renovadas. Inspirados por Rebeca y sus amigos, tomaron sus herramientas y comenzaron a trabajar en el ayuntamiento.

Mientras los animales continuaban cantando, los aldeanos martillaban, serraban y pintaban. Trabajaron juntos en perfecta armonía, al igual que las melodías que llenaban el aire. Al final del día, el ayuntamiento fue restaurado a su antigua gloria, incluso más hermoso que antes.

Los aldeanos vitorearon y se abrazaron, agradecidos por la ayuda de los animales. El Granjero Brown no podía dejar de sonreír. "¡Lo hiciste, Rebeca! ¡Tú y tus amigos salvaron el Festival de Primavera!"

Rebeca se sonrojó modestamente. "Solo queríamos ayudar. La música tiene una manera de unir a las personas y hacer que todo parezca un poco más brillante."

Esa noche, el Festival de Primavera se llevó a cabo como estaba planeado. El ayuntamiento estaba decorado con cintas y linternas coloridas, y los aldeanos bailaron y cantaron hasta bien entrada la noche. Rebeca y sus amigos fueron las estrellas del espectáculo, interpretando sus canciones para una audiencia llena de alegría y gratitud.

Desde aquel día, Rebeca y sus amigos continuaron compartiendo su don de la música con todos los que conocían. Cantaban en los prados, en el pueblo, e incluso más allá, llevando felicidad dondequiera que fueran. Y Rebeca, la oveja cantante, se convirtió en una leyenda en Prado Lanudo, recordando a todos que un poco de música puede hacer una gran diferencia en el mundo.

Max, the Mischievous Astronaut

Once upon a time, in the bustling town of Bramblewood, lived a young boy named Max who had a boundless imagination and an insatiable curiosity. Max wasn't like other kids. While they were busy with football and video games, Max spent his days dreaming about the stars, the moon, and far-off galaxies. He devoured books about space and built rocket ships out of cardboard boxes in his backyard.

One sunny afternoon, as Max was tinkering with his latest invention—a makeshift rocket ship—his little sister Lily approached him, her eyes wide with excitement.

"Max, what are you making today?" Lily asked, her voice filled with wonder.

Max grinned from ear to ear. "I'm building a rocket, Lily! One day, I'm going to be an astronaut and explore the farthest reaches of space!"

Lily clapped her hands in delight. "Can I come with you?"

"Of course!" Max declared. "We'll be the first brother-sister astronaut team!"

That night, as Max lay in bed, he stared up at the glow-in-the-dark stars on his ceiling and made a wish. "I wish I could go to space," he whispered. And as if by magic, Max felt a strange sensation—a tingling in his toes that quickly spread throughout his entire body. Before he knew it, Max was floating! He opened his eyes and found himself inside a real spaceship, dressed in a shiny astronaut suit.

"Wow!" Max exclaimed, looking around the futuristic control room filled with blinking lights and buttons. "This is amazing!"

Just then, a friendly-looking robot rolled up to Max. "Greetings, Commander Max," the robot said in a cheerful voice. "I am Astro, your co-pilot. Are you ready for your space adventure?"

Max could hardly contain his excitement. "Yes! But wait, where's Lily?"

Astro beeped and whirred. "Initiating transport sequence for Lily."

In a flash, Lily appeared beside Max, also dressed in an astronaut suit. Her eyes sparkled with excitement. "Max, is this real?"

Max nodded enthusiastically. "It sure is! Come on, let's explore the spaceship!"

Max and Lily spent the next few hours exploring every nook and cranny of their incredible spacecraft. They bounced around in zero gravity, played with floating food, and even tried their hand at steering the ship. Astro guided them through everything, explaining how the ship worked and pointing out the different planets and stars outside their windows.

As they gazed out at the vastness of space, Astro spoke up. "Commander Max, we have a mission. A group of aliens on the planet Zog need our help. Their power supply is running low, and they need a special crystal found on a nearby asteroid to fix it."

Max's eyes lit up. "A mission? Count us in!"

Astro set a course for the asteroid, and soon, the spaceship was zooming through the galaxy at warp speed. Max and Lily watched in awe as planets, stars, and comets whizzed past. Before long, they arrived at the asteroid belt where the precious crystal was located.

"Commander Max, we will need to go on a spacewalk to retrieve the crystal," Astro explained.

Max and Lily suited up in their spacewalk gear and carefully exited the spaceship, tethered to it by strong cables. Floating in the vast expanse of space, they made their way to the asteroid. The surface was rocky and uneven, but Max spotted the crystal glowing brightly.

"There it is!" Max exclaimed. "Let's get it back to the aliens on Zog!"

With careful precision, Max and Lily secured the crystal and made their way back to the spaceship. Once inside, Astro congratulated them. "Mission accomplished, Commanders! Now, let's head to Zog."

As they approached the planet Zog, they saw it was a vibrant, colorful place with tall, spiraling buildings and lush, alien landscapes. The friendly Zogians greeted them with cheers and gratitude as they delivered the crystal.

"Thank you, brave astronauts," said Zug, the leader of the aliens. "You have saved our planet!"

Max and Lily beamed with pride. "We're just happy to help," Max said.

The Zogians invited Max, Lily, and Astro to a grand celebration in their honor. There were alien dances, strange but delicious foods, and even a zero-gravity game of Zogball, which Max and Lily found incredibly fun.

After the festivities, it was time to return home. As they boarded the spaceship, Zug presented them with a special gift—a small, glowing crystal as a token of their friendship.

"Keep this crystal as a reminder of your adventure," Zug said. "It will always guide you back to Zog if you ever wish to visit again."

With heartfelt goodbyes, Max, Lily, and Astro set off for Earth. As they entered the Earth's atmosphere, the spaceship transformed back into Max's cardboard rocket, and they found themselves back in their backyard, still holding the glowing crystal.

"Was it all a dream?" Lily wondered aloud.

Max shook his head, looking at the crystal in his hand. "No, it was real. And it was the best adventure ever."

From that day on, Max and Lily kept the crystal on their nightstand as a reminder of their incredible journey. They continued to dream of space and the endless possibilities that awaited them among the stars.

Max, el Astronauta Travieso

Érase una vez, en la bulliciosa ciudad de Bramblewood, vivía un niño llamado Max que tenía una imaginación desbordante y una curiosidad insaciable. Max no era como los otros niños. Mientras ellos estaban ocupados con el fútbol y los videojuegos, Max pasaba sus días soñando con las estrellas, la luna y galaxias lejanas. Devoraba libros sobre el espacio y construía cohetes con cajas de cartón en su patio trasero.

Una tarde soleada, mientras Max estaba trasteando con su última invención—un cohete improvisado—su hermanita Lily se acercó a él, con los ojos llenos de emoción.

"Max, ¿qué estás haciendo hoy?" preguntó Lily, con la voz llena de asombro.

Max sonrió de oreja a oreja. "¡Estoy construyendo un cohete, Lily! ¡Un día seré un astronauta y exploraré los confines del espacio!"

Lily aplaudió de alegría. "¿Puedo ir contigo?"

"¡Por supuesto!" declaró Max. "¡Seremos el primer equipo de astronautas hermano-hermana!"

Esa noche, mientras Max yacía en la cama, miró las estrellas fosforescentes en su techo e hizo un deseo. "Deseo poder ir al espacio," susurró. Y como por arte de magia, Max sintió una extraña sensación—un cosquilleo en los dedos de los pies que rápidamente se extendió por todo su cuerpo. Antes de darse cuenta, Max estaba flotando. Abrió los ojos y se encontró dentro de una nave espacial real, vestido con un brillante traje de astronauta.

"¡Wow!" exclamó Max, mirando alrededor de la sala de control futurista llena de luces parpadeantes y botones. "¡Esto es increíble!"

Justo entonces, un robot de aspecto amigable se acercó rodando a Max. "Saludos, Comandante Max," dijo el robot con voz alegre. "Soy Astro, tu copiloto. ¿Estás listo para tu aventura espacial?"

Max apenas podía contener su emoción. "¡Sí! Pero espera, ¿dónde está Lily?"

Astro emitió pitidos y zumbidos. "Iniciando secuencia de transporte para Lily."

En un abrir y cerrar de ojos, Lily apareció al lado de Max, también vestida con un traje de astronauta. Sus ojos brillaban de emoción. "Max, ¿esto es real?"

Max asintió con entusiasmo. "¡Claro que sí! Vamos, ¡exploremos la nave espacial!"

Max y Lily pasaron las siguientes horas explorando cada rincón de su increíble nave espacial. Rebotaron en gravedad cero, jugaron con comida flotante, e incluso intentaron manejar la nave. Astro los guió en todo, explicándoles cómo funcionaba la nave y señalando los diferentes planetas y estrellas fuera de sus ventanas.

Mientras miraban el vasto espacio, Astro habló. "Comandante Max, tenemos una misión. Un grupo de alienígenas en el planeta Zog necesita nuestra ayuda. Su suministro de energía está bajando, y necesitan un cristal especial encontrado en un asteroide cercano para arreglarlo."

Los ojos de Max brillaron. "¿Una misión? ¡Cuenta con nosotros!"

Astro puso rumbo hacia el asteroide, y pronto, la nave espacial estaba surcando la galaxia a velocidad de la luz. Max y Lily miraban asombrados mientras los planetas, estrellas y cometas pasaban zumbando. No pasó mucho tiempo antes de que llegaran al cinturón de asteroides donde se encontraba el preciado cristal.

"Comandante Max, necesitaremos hacer una caminata espacial para recuperar el cristal," explicó Astro.

Max y Lily se pusieron sus trajes para caminatas espaciales y salieron cuidadosamente de la nave, sujetos a ella por cables fuertes. Flotando en el vasto espacio, se dirigieron hacia el asteroide. La superficie era rocosa y desigual, pero Max vio el cristal brillando intensamente.

"¡Ahí está!" exclamó Max. "¡Vamos a llevarlo de vuelta a los alienígenas en Zog!"

Con precisión, Max y Lily aseguraron el cristal y regresaron a la nave. Una vez dentro, Astro los felicitó. "Misión cumplida, Comandantes. Ahora, vamos a Zog."

Cuando se acercaron al planeta Zog, vieron que era un lugar vibrante y colorido, con altos edificios en espiral y paisajes alienígenas exuberantes. Los amistosos zoguianos los recibieron con vítores y gratitud mientras entregaban el cristal.

"Gracias, valientes astronautas," dijo Zug, el líder de los alienígenas. "¡Han salvado nuestro planeta!"

Max y Lily sonrieron con orgullo. "Estamos felices de ayudar," dijo Max.

Los zoguianos invitaron a Max, Lily y Astro a una gran celebración en su honor. Hubo bailes alienígenas, comidas extrañas pero deliciosas, e incluso un juego de Zogball en gravedad cero, que Max y Lily encontraron increíblemente divertido.

Después de las festividades, era hora de regresar a casa. Mientras abordaban la nave, Zug les presentó un regalo especial: un pequeño cristal brillante como símbolo de su amistad.

"Conserven este cristal como un recordatorio de su aventura," dijo Zug. "Siempre los guiará de regreso a Zog si alguna vez desean visitarnos de nuevo."

Con despedidas de corazón, Max, Lily y Astro partieron hacia la Tierra. Cuando entraron en la atmósfera terrestre, la nave espacial se transformó de nuevo en el cohete de cartón de Max, y se encontraron de vuelta en su patio trasero, todavía sosteniendo el cristal brillante.

"¿Fue todo un sueño?" se preguntó Lily en voz alta.

Max negó con la cabeza, mirando el cristal en su mano. "No, fue real. Y fue la mejor aventura de todas."

Desde ese día, Max y Lily guardaron el cristal en su mesita de noche como recordatorio de su increíble viaje. Continuaron soñando con el espacio y las infinitas posibilidades que los esperaban entre las estrellas.

Captain Sleepyhead and the Treasure of Dream Island

Once upon a time, on the high seas, sailed the most peculiar pirate ship you'd ever see. It was called the Snoring Seagull, and it belonged to Captain Sleepyhead, the sleepiest pirate to ever hoist the Jolly Roger. While most pirates were known for their fierce battles and endless quests for treasure, Captain Sleepyhead was known for something entirely different: his love of naps.

Captain Sleepyhead, whose real name was Sebastian Snorewell, was a big, burly man with a thick, bushy beard and an eye patch over his right eye. His favorite thing in the whole world was his hammock, strung up between the mast and the ship's cabin. He could often be found snoozing there, with his hat pulled down over his eyes and a gentle snore rumbling through the ship.

His crew, a motley bunch of pirates, didn't mind their captain's unusual habits. In fact, they had grown quite fond of him and his quirky ways. They knew that while Captain Sleepyhead might be a bit lazy, he had a heart of gold and a knack for finding treasure—usually by sheer luck.

One bright morning, as the Snoring Seagull gently rocked on the waves, Captain Sleepyhead was, as usual, fast asleep in his hammock. The crew was bustling about, preparing for their next adventure, when suddenly, a loud squawk pierced the air. It was Percy the Parrot, their lookout and trusty companion.

"Treasure ahead! Treasure ahead!" Percy squawked, flapping his wings excitedly.

The crew gathered around Percy, eager to hear more. "What do you see, Percy?" asked First Mate Molly, a tough and clever pirate with a knack for solving puzzles.

"A map! A map in a bottle, floating on the waves!" Percy replied, pointing with his beak.

The crew quickly retrieved the bottle and pulled out the map inside. It was old and tattered, but the markings were clear. At the top, in bold letters, it read: "The Treasure of Dream Island."

"Dream Island?" mused Molly. "I've heard legends about that place. It's said to be the resting place of the most fabulous treasure in all the seven seas."

The crew's eyes sparkled with excitement. "We must tell the Captain!" said Barnacle Bill, the ship's cook, who always had a pot of something delicious simmering in the galley.

But when they approached Captain Sleepyhead's hammock, they found him, predictably, fast asleep. They tried gentle nudges and loud whispers, but nothing seemed to rouse him.

"Wake up, Captain!" called out Long-Legged Larry, the ship's carpenter, giving the hammock a little shake.

Captain Sleepyhead stirred, muttering something about treasure in his sleep. Finally, with one last nudge from Percy, he opened one eye and yawned. "What's all the fuss about?"

"We found a map to Dream Island, Captain! It's said to hold the greatest treasure ever!" Molly exclaimed, holding the map in front of him.

Captain Sleepyhead's eyes lit up, and he sat up, adjusting his hat. "Well, why didn't you say so? Set sail for Dream Island!"

The crew cheered and sprang into action, raising the sails and steering the ship towards the coordinates on the map. As the Snoring Seagull cut through the waves, Captain Sleepyhead, true to his nature, settled back into his hammock, confident that his capable crew would get them there safely.

After days of sailing, navigating through treacherous waters and avoiding dangerous sea creatures, they finally spotted Dream Island on the horizon. It was a lush, green paradise with tall palm trees swaying in the breeze and golden sand sparkling under the sun.

The Snoring Seagull anchored just offshore, and the crew lowered the rowboats into the water. Captain Sleepyhead, now fully awake and excited, led the way. As they rowed towards the island, they couldn't help but marvel at its beauty.

Upon landing, they followed the map's directions, which led them through dense jungles and over rocky hills. Eventually, they reached a clearing with a large, ancient stone statue in the center. At the base of the statue was a small, locked chest.

"This must be it," said Molly, examining the chest. "But it's locked."

Captain Sleepyhead, who had been stifling yawns during the hike, suddenly perked up. "Aha! I've got just the thing." He reached into his coat and pulled out a small, ornate key.

"Where did you get that?" asked Barnacle Bill, his eyes wide with surprise.

Captain Sleepyhead shrugged with a sheepish grin. "Found it in an old trunk back on the ship. Thought it might come in handy one day."

He inserted the key into the lock, and with a satisfying click, the chest opened. Inside, they found a dazzling array of jewels, gold coins, and precious artifacts. But the most remarkable item was a large, golden compass that seemed to glow with a magical light.

"This is incredible!" exclaimed Long-Legged Larry, holding up the compass. "I've never seen anything like it."

Molly studied the compass closely. "I think this is no ordinary compass. It's said that the treasure of Dream Island includes a compass that can lead you to whatever your heart desires."

The crew gasped in amazement. "Imagine the adventures we could have!" Percy squawked, fluttering his wings.

Captain Sleepyhead smiled, feeling a sense of pride and joy. "Well, it looks like our days of napping might be over. We've got a world of adventures waiting for us!"

The crew cheered, and together, they carefully packed up the treasure and headed back to the Snoring Seagull. As they set sail once more, they couldn't help but feel a renewed sense of excitement and purpose.

From that day on, Captain Sleepyhead and his crew became known as the most adventurous pirates on the high seas. They traveled to new lands, discovered hidden treasures, and helped those in need, all while following the magical compass.

And as for Captain Sleepyhead? Well, he still loved his naps, but he had learned that sometimes, the greatest treasures are found when you're wide awake, surrounded by friends and adventure.

El Capitán Dormilón y el Tesoro de la Isla de los Sueños

Érase una vez, en alta mar, navegaba el barco pirata más peculiar que jamás se haya visto. Se llamaba la Gaviota Roncadora, y pertenecía al Capitán Dormilón, el pirata más dormilón que jamás haya izado la Jolly Roger. Mientras la mayoría de los piratas eran conocidos por sus feroces batallas y sus interminables búsquedas de tesoros, el Capitán Dormilón era conocido por algo completamente diferente: su amor por las siestas.

El Capitán Dormilón, cuyo verdadero nombre era Sebastián Ronquidos, era un hombre grande y corpulento con una espesa barba y un parche sobre el ojo derecho. Su cosa favorita en el mundo era su hamaca, colgada entre el mástil y la cabina del barco. A menudo se le podía encontrar dormitando allí, con su sombrero cubriéndole los ojos y un ronquido suave resonando por el barco.

Su tripulación, un grupo variopinto de piratas, no se molestaba con los hábitos inusuales de su capitán. De hecho, se habían encariñado mucho con él y sus maneras peculiares. Sabían que aunque el Capitán Dormilón podía ser un poco perezoso, tenía un corazón de oro y una habilidad especial para encontrar tesoros—generalmente por pura suerte.

Una mañana brillante, mientras la Gaviota Roncadora se mecía suavemente sobre las olas, el Capitán Dormilón, como de costumbre, estaba profundamente dormido en su hamaca. La tripulación estaba ocupada preparando su próxima aventura, cuando de repente, un fuerte graznido rompió el aire. Era Percy el Loro, su vigía y fiel compañero.

"¡Tesoro a la vista! ¡Tesoro a la vista!" graznó Percy, agitando sus alas con entusiasmo.

La tripulación se reunió alrededor de Percy, ansiosa por saber más. "¿Qué ves, Percy?" preguntó Molly, la primera oficial, una pirata astuta y hábil para resolver acertijos.

"¡Un mapa! ¡Un mapa en una botella, flotando en las olas!" respondió Percy, señalando con su pico.

La tripulación rápidamente recuperó la botella y sacó el mapa de su interior. Era viejo y desgastado, pero las marcas eran claras. En la parte superior, en letras grandes, se leía: "El Tesoro de la Isla de los Sueños."

"¿Isla de los Sueños?" musitó Molly. "He oído leyendas sobre ese lugar. Se dice que es el lugar de descanso del tesoro más fabuloso de los siete mares."

Los ojos de la tripulación brillaban de emoción. "¡Debemos decirle al Capitán!" dijo Bill el Báculo, el cocinero del barco, que siempre tenía una olla de algo delicioso hirviendo en la cocina.

Pero cuando se acercaron a la hamaca del Capitán Dormilón, lo encontraron, como era de esperar, profundamente dormido. Intentaron empujones suaves y susurros fuertes, pero nada parecía despertarlo.

"¡Despierta, Capitán!" llamó Larry Patilargo, el carpintero del barco, dándole un pequeño empujón a la hamaca.

El Capitán Dormilón se agitó, murmurando algo sobre tesoros en su sueño. Finalmente, con un último empujón de Percy, abrió un ojo y bostezó. "¿Cuál es todo el alboroto?"

"¡Encontramos un mapa de la Isla de los Sueños, Capitán! ¡Se dice que contiene el mayor tesoro de todos!" exclamó Molly, sosteniendo el mapa frente a él.

Los ojos del Capitán Dormilón se iluminaron y se sentó, ajustándose el sombrero. "Bueno, ¿por qué no lo dijiste antes? ¡Pon rumbo a la Isla de los Sueños!"

La tripulación vitoreó y se puso en acción, izando las velas y dirigiendo el barco hacia las coordenadas del mapa. Mientras la Gaviota Roncadora cortaba las olas, el Capitán Dormilón, fiel a su naturaleza, se acomodó de nuevo en su hamaca, confiado en que su capaz tripulación los llevaría allí a salvo.

Después de días de navegación, atravesando aguas traicioneras y evitando criaturas marinas peligrosas, finalmente divisaron la Isla de los Sueños en el horizonte. Era un paraíso verde y frondoso con altos árboles de palma balanceándose en la brisa y arena dorada brillando bajo el sol.

La Gaviota Roncadora ancló cerca de la costa, y la tripulación bajó los botes al agua. El Capitán Dormilón, ahora completamente despierto y emocionado, lideró el camino. Mientras remaban hacia la isla, no podían dejar de maravillarse con su belleza.

Al desembarcar, siguieron las indicaciones del mapa, que los llevó a través de densas selvas y sobre colinas rocosas. Finalmente, llegaron a un claro con una gran estatua de piedra antigua en el centro. En la base de la estatua había un pequeño cofre cerrado con llave.

"Esto debe ser," dijo Molly, examinando el cofre. "Pero está cerrado."

El Capitán Dormilón, que había estado reprimiendo bostezos durante la caminata, de repente se animó. "¡Ajá! Tengo justo lo que necesitamos." Metió la mano en su abrigo y sacó una pequeña llave ornamentada.

"¿De dónde sacaste eso?" preguntó Bill el Báculo, con los ojos muy abiertos de sorpresa.

El Capitán Dormilón se encogió de hombros con una sonrisa tímida. "La encontré en un baúl viejo en el barco. Pensé que podría ser útil algún día."

Insertó la llave en la cerradura, y con un clic satisfactorio, el cofre se abrió. Dentro, encontraron una deslumbrante variedad de joyas, monedas de oro y artefactos preciosos. Pero el objeto más notable era una gran brújula dorada que parecía brillar con una luz mágica.

"¡Esto es increíble!" exclamó Larry Patilargo, sosteniendo la brújula. "Nunca he visto algo así."

Molly estudió la brújula de cerca. "Creo que esta no es una brújula ordinaria. Se dice que el tesoro de la Isla de los Sueños incluye una brújula que puede llevarte a lo que tu corazón desea."

La tripulación jadeó de asombro. "¡Imagina las aventuras que podríamos tener!" graznó Percy, agitando sus alas.

El Capitán Dormilón sonrió, sintiendo una sensación de orgullo y alegría. "Bueno, parece que nuestros días de siesta podrían haber terminado. ¡Tenemos un mundo de aventuras esperándonos!"

La tripulación vitoreó, y juntos, cuidadosamente empacaron el tesoro y regresaron a la Gaviota Roncadora. Mientras navegaban una vez más, no podían evitar sentir un renovado sentido de emoción y propósito.

Desde ese día, el Capitán Dormilón y su tripulación se convirtieron en los piratas más aventureros de los siete mares. Viajaron a nuevas tierras, descubrieron tesoros ocultos y ayudaron a los necesitados, todo mientras seguían la brújula mágica.

¿Y en cuanto al Capitán Dormilón? Bueno, todavía amaba sus siestas, pero había aprendido que, a veces, los mayores tesoros se encuentran cuando estás completamente despierto, rodeado de amigos y aventuras.

Kip Kangaroo and the Quest for the Magical Boomerang

Kip Kangaroo was no ordinary kangaroo. He lived in the bustling outback of Australia, where the red soil stretched as far as the eye could see, and the blue sky was adorned with the occasional fluffy cloud. What made Kip extraordinary wasn't his powerful legs or his strong tail, but his boundless curiosity and a knack for getting into mischief.

One sunny afternoon, Kip was hopping along his favorite trail, enjoying the warmth of the sun on his fur, when he stumbled upon something curious. It was an old, weathered map partially buried in the dirt. With a swift flick of his paw, Kip uncovered the map and held it up to the light. The map depicted a route through the outback, leading to a place called "Boomerang Bluff." At the end of the path, a shining boomerang was drawn with a note that read, "The Magical Boomerang of Boomerang Bluff: Whoever finds it shall be granted one wish."

Kip's eyes sparkled with excitement. He had heard tales of the magical boomerang from his grandfather, who had told him that the boomerang could grant any wish, no matter how big or small. Kip decided then and there that he would find the magical boomerang and make a wish that would help all his friends in the outback.

Without wasting a moment, Kip tucked the map into his pouch and set off on his adventure. His first stop was the Whispering

Waterhole, a beautiful oasis where animals from all over the outback gathered to drink and share stories. As Kip approached the waterhole, he saw his friends Wally the Wombat and Ellie the Echidna chatting by the water's edge.

"Hey, Kip! What's that you've got there?" Wally called out, noticing the map sticking out of Kip's pouch.

Kip hopped over and proudly showed them the map. "It's a map to Boomerang Bluff. I'm going to find the magical boomerang and make a wish for all of us!"

Ellie's eyes widened. "That sounds amazing! Can we come with you?"

"Of course!" Kip said with a grin. "We'll need all the help we can get."

The three friends set off together, following the map through the dense bushland and rocky hills. They encountered many challenges along the way. At one point, they had to cross a wide river with a strong current. Kip, being an excellent swimmer, helped Wally and Ellie across safely. Then, they faced a steep cliff, but with teamwork and determination, they managed to climb it.

As the sun began to set, they reached a dark and spooky forest. According to the map, they had to pass through it to get to Boomerang Bluff. The trees were tall and twisted, casting eerie shadows on the ground. Strange noises echoed around them, making Wally and Ellie shiver.

"We have to keep going," Kip said bravely, though he was a little scared too. "The boomerang is just on the other side."

With Kip leading the way, they ventured into the forest. Kip kept his eyes on the map, and after what felt like hours of navigating through the thick undergrowth, they finally emerged on the other side. In the distance, they could see Boomerang Bluff, a large hill with a shimmering object at the top.

"There it is!" Ellie exclaimed. "We're almost there!"

The friends raced towards the bluff, their excitement growing with each hop, waddle, and scuttle. As they climbed the hill, the object at the top became clearer—it was the magical boomerang, glowing with a soft, golden light.

Kip reached out and picked up the boomerang. It felt warm and pulsed gently in his paws. "Now, let's make our wish," he said, holding it up.

"But what should we wish for?" Wally asked.

Kip thought for a moment. He wanted to make a wish that would benefit everyone in the outback. Then, an idea came to him. "I wish for a waterhole that never runs dry and provides fresh water for all the animals, even in the hottest, driest seasons."

The boomerang glowed brighter, and a warm breeze swept over them. Suddenly, the ground beneath their feet began to tremble slightly. They looked around and saw that a new waterhole had appeared at the base of Boomerang Bluff, already brimming with clear, cool water.

"We did it!" Kip cheered. "Now everyone in the outback will have enough water."

Wally and Ellie hugged Kip, grateful for his thoughtful wish. As they made their way back home, they spread the news about the new waterhole. All the animals of the outback gathered to see it and thanked Kip, Wally, and Ellie for their bravery and kindness.

From that day on, the new waterhole, named Kip's Oasis, became a place where animals could always find refreshment and share stories of their adventures. Kip, Wally, and Ellie continued to explore the outback, always looking for new ways to help their friends and make their home a better place.

And so, Kip Kangaroo, the curious and kind-hearted kangaroo, proved that with determination, friendship, and a little bit of magic, anything is possible.

Kip Canguro y la Búsqueda del Boomerang Mágico

Kip Canguro no era un canguro cualquiera. Vivía en el bullicioso interior de Australia, donde la tierra roja se extendía hasta donde alcanzaba la vista y el cielo azul estaba adornado con ocasionales nubes esponjosas. Lo que hacía a Kip extraordinario no eran sus poderosas patas ni su fuerte cola, sino su curiosidad sin límites y su habilidad para meterse en líos.

Una tarde soleada, Kip saltaba por su sendero favorito, disfrutando del calor del sol en su pelaje, cuando tropezó con algo curioso. Era un mapa viejo y desgastado parcialmente enterrado en la tierra. Con un rápido movimiento de su pata, Kip desenterró el mapa y lo sostuvo a la luz. El mapa mostraba una ruta a través del interior, que conducía a un lugar llamado "Acantilado del Boomerang." Al final del camino, había dibujado un boomerang brillante con una nota que decía: "El Boomerang Mágico del Acantilado del Boomerang: Quien lo encuentre tendrá un deseo concedido."

Los ojos de Kip brillaron de emoción. Había escuchado cuentos sobre el boomerang mágico de su abuelo, quien le había dicho que el boomerang podía conceder cualquier deseo, sin importar cuán grande o pequeño fuera. Kip decidió en ese momento que encontraría el boomerang mágico y haría un deseo que ayudaría a todos sus amigos en el interior.

Sin perder un momento, Kip guardó el mapa en su bolsa y se puso en marcha en su aventura. Su primera parada fue el Aguadero Susurrante, un hermoso oasis donde animales de todo el interior se reunían para beber y compartir historias. Al acercarse al aguadero, vio a sus amigos Wally el Wombat y Ellie el Equidna charlando junto al agua.

"¡Hola, Kip! ¿Qué tienes ahí?" llamó Wally, notando el mapa que sobresalía de la bolsa de Kip.

Kip saltó hacia ellos y les mostró orgullosamente el mapa. "Es un mapa al Acantilado del Boomerang. ¡Voy a encontrar el boomerang mágico y hacer un deseo para todos nosotros!"

Los ojos de Ellie se agrandaron. "¡Eso suena increíble! ¿Podemos ir contigo?"

"¡Por supuesto!" dijo Kip con una sonrisa. "Necesitaremos toda la ayuda posible."

Los tres amigos partieron juntos, siguiendo el mapa a través del denso matorral y las colinas rocosas. Encontraron muchos desafíos en el camino. En un momento, tuvieron que cruzar un río ancho con una corriente fuerte. Kip, siendo un excelente nadador, ayudó a Wally y a Ellie a cruzar a salvo. Luego, enfrentaron un acantilado empinado, pero con trabajo en equipo y determinación, lograron escalarlo.

Cuando el sol comenzó a ponerse, llegaron a un bosque oscuro y espeluznante. Según el mapa, tenían que pasar a través de él para llegar al Acantilado del Boomerang. Los árboles eran altos y retorcidos, proyectando sombras extrañas en el suelo. Sonidos extraños resonaban a su alrededor, haciendo que Wally y Ellie se estremecieran.

"Tenemos que seguir adelante," dijo Kip con valentía, aunque también estaba un poco asustado. "El boomerang está justo al otro lado."

Con Kip liderando el camino, se adentraron en el bosque. Kip mantuvo sus ojos en el mapa, y después de lo que parecieron horas de navegar a través de la densa maleza, finalmente emergieron al otro lado. A lo lejos, podían ver el Acantilado del Boomerang, una gran colina con un objeto brillante en la cima.

"¡Allí está!" exclamó Ellie. "¡Ya casi estamos!"

Los amigos corrieron hacia el acantilado, su emoción creciendo con cada salto, tranco y paso. Mientras subían la colina, el objeto en la cima se volvió más claro: era el boomerang mágico, brillando con una suave luz dorada.

Kip extendió la mano y recogió el boomerang. Se sentía cálido y pulsaba suavemente en sus patas. "Ahora, hagamos nuestro deseo," dijo, sosteniéndolo en alto.

"¿Pero qué deberíamos desear?" preguntó Wally.

Kip pensó por un momento. Quería hacer un deseo que beneficiara a todos en el interior. Entonces, una idea vino a él. "Deseo un aguadero que nunca se seque y proporcione agua fresca para todos los animales, incluso en las estaciones más calurosas y secas".

El boomerang brilló más intensamente, y una brisa cálida los envolvió. De repente, el suelo bajo sus pies comenzó a temblar ligeramente. Miraron a su alrededor y vieron que un nuevo aguadero había aparecido en la base del Acantilado del Boomerang, ya lleno de agua clara y fresca.

"¡Lo logramos!" exclamó Kip. "Ahora todos en el interior tendrán suficiente agua."

Wally y Ellie abrazaron a Kip, agradecidos por su deseo considerado. Mientras regresaban a casa, difundieron la noticia sobre el nuevo aguadero. Todos los animales del interior se reunieron para verlo y agradecieron a Kip, Wally y Ellie por su valentía y amabilidad.

Desde ese día, el nuevo aguadero, llamado Oasis de Kip, se convirtió en un lugar donde los animales siempre podían encontrar refresco y compartir historias de sus aventuras. Kip, Wally y Ellie continuaron explorando el interior, siempre buscando nuevas formas de ayudar a sus amigos y hacer de su hogar un lugar mejor.

Y así, Kip Canguro, el canguro curioso y bondadoso, demostró que con determinación, amistad y un poco de magia, todo es posible.

Colin the Crocodile and the Great Gator Gala

In the murky waters of the Mangrove Marsh, lived Colin the Crocodile, the most fashion-forward reptile you'd ever meet. While other crocodiles were content with lounging in the sun and snapping at passing prey, Colin had a passion for fashion that set him apart from the rest.

Colin wasn't your typical croc. Instead of rough scales and menacing teeth, he had a sleek and shiny coat of scales and a smile that could charm even the most wary of creatures. But what truly made Colin stand out was his love for dressing up in the most extravagant outfits imaginable. From glittering bow ties to sequined hats, Colin always made a statement wherever he went.

One day, as Colin was admiring his reflection in the water, he overheard some gossip from a passing duck. "Have you heard about the Great Gator Gala?" the duck quacked excitedly. "It's the most glamorous event of the year, where all the stylish reptiles gather to show off their best outfits!"

Colin's eyes widened with excitement. He had heard whispers of the Great Gator Gala before but had never dared to dream of attending. This was his chance to showcase his unique sense of style to the world.

Without a moment's hesitation, Colin set off to prepare for the gala. He raided his wardrobe, trying on outfit after outfit until he found the perfect ensemble—a dazzling suit covered in sparkling gems and feathers, topped off with a top hat adorned with a glittering feather.

With his outfit sorted, Colin set off for the Great Gator Gala, his heart pounding with anticipation. As he arrived at the grand event, he was greeted by a dazzling array of reptiles, each dressed in their finest attire. There were alligators in tuxedos, iguanas in ball gowns, and even turtles in tiaras.

Colin felt a surge of nervousness as he stepped onto the red carpet, but as soon as the spotlight hit him, he felt a wave of confidence wash over him. With a flick of his tail and a dazzling smile, he strutted down the carpet, basking in the admiring gazes of the crowd.

Inside the gala, Colin was mesmerized by the sights and sounds. There were dance floors filled with elegant reptiles twirling to the music, buffet tables piled high with delicious treats, and even a fashion show showcasing the latest trends in reptile couture.

But just as Colin was about to join in the festivities, disaster struck. The lights flickered, and the music screeched to a halt as a voice boomed over the speakers.

"Ladies and gentlemen, I'm afraid we have a problem," announced the host, a distinguished-looking alligator named Albert. "It seems that the main attraction of the gala, the legendary Jewel of the Nile, has gone missing!"

Gasps filled the room as the reptiles exchanged worried glances. The Jewel of the Nile was a priceless gemstone rumored to bring good luck to whoever possessed it. Its disappearance threatened to ruin the gala and cast a shadow over the entire reptile community.

But Colin wasn't about to let that happen. With a determined glint in his eye, he stepped forward. "I'll find the Jewel of the Nile," he declared boldly. "And I'll do it in style!"

With the crowd cheering him on, Colin set off on his quest to find the missing jewel. He searched high and low, combing every inch of the marsh for any sign of the precious gemstone. Along the way, he encountered all sorts of obstacles—a mischievous monkey swinging from the trees, a slippery snake guarding a secret passage, and even a grumpy old turtle who refused to budge from his spot.

But Colin didn't let anything deter him. With his sharp wit and impeccable fashion sense, he outsmarted the monkey, charmed the snake, and persuaded the turtle to lend a hand. And finally, after hours of searching, he stumbled upon a hidden cave nestled deep within the marsh.

Inside the cave, illuminated by a shaft of golden light, lay the Jewel of the Nile, gleaming and radiant as ever. Colin's heart swelled with pride as he scooped up the jewel and held it high above his head.

"I did it!" he exclaimed triumphantly. "I found the Jewel of the Nile!"

As Colin emerged from the cave, he was greeted by cheers and applause from the gathered reptiles. Albert the alligator rushed forward, his eyes shining with gratitude. "You've saved the gala, Colin," he said. "And you've shown us all what it means to be truly stylish."

With the jewel safely returned, the Great Gator Gala resumed in full swing. Colin was hailed as a hero, and his outfit was declared the most fabulous of them all. As he danced and celebrated with his newfound friends, Colin couldn't help but feel a sense of pride and accomplishment.

From that day on, Colin the Crocodile was known far and wide as the most stylish reptile in the Mangrove Marsh. And as for the Great Gator Gala? Well, it became an annual tradition, with Colin as the guest of honor, dazzling the crowd with his fashion-forward looks and charming smile.

And so, with a little bit of courage and a whole lot of style, Colin proved that even a crocodile can be a hero.

Colin el Cocodrilo y el Gran Gala de los Caimanes

En las aguas turbias del Pantano de los Manglares, vivía Colin el Cocodrilo, el reptil más a la moda que puedas conocer. Mientras que otros cocodrilos se conformaban con descansar al sol y morder a la presa que pasaba, Colin tenía una pasión por la moda que lo hacía destacar del resto.

Colin no era tu cocodrilo típico. En lugar de escamas ásperas y dientes amenazadores, tenía un abrigo de escamas suave y brillante y una sonrisa que podría encantar incluso a las criaturas más cautelosas. Pero lo que realmente hacía que Colin se destacara era su amor por vestirse con los atuendos más extravagantes imaginables. Desde corbatas brillantes hasta sombreros con lentejuelas, Colin siempre llamaba la atención dondequiera que fuera.

Un día, mientras Colin admiraba su reflejo en

el agua, escuchó chismes de un pato que pasaba. "¿Has oído hablar del Gran Gala de los Caimanes?" graznó el pato emocionado. "¡Es el evento más glamoroso del año, donde todos los reptiles elegantes se reúnen para lucir sus mejores atuendos!"

Los ojos de Colin se agrandaron de emoción. Había escuchado susurros sobre el Gran Gala de los Caimanes antes, pero nunca se había atrevido a soñar con asistir. Esta era su oportunidad de mostrar su sentido único de la moda al mundo.

Sin dudarlo un momento, Colin se dispuso a prepararse para el gala. Revisó su armario, probándose atuendo tras atuendo hasta que encontró el conjunto perfecto: un deslumbrante traje cubierto de gemas y plumas brillantes, coronado con un sombrero de copa adornado con una pluma reluciente.

Con su atuendo listo, Colin se dirigió al Gran Gala de los Caimanes, con el corazón latiéndole de anticipación. Al llegar al gran evento, fue recibido por una deslumbrante variedad de reptiles, cada uno vestido con sus mejores galas. Había caimanes en esmóquines, iguanas en vestidos de gala e incluso tortugas con tiaras.

Colin sintió un impulso de nerviosismo al pisar la alfombra roja, pero tan pronto como los focos lo iluminaron, sintió una ola de confianza invadirlo. Con un movimiento de su cola y una sonrisa deslumbrante, avanzó por la alfombra, disfrutando de las miradas admiradoras de la multitud.

Dentro del gala, Colin quedó hipnotizado por las vistas y los sonidos. Había pistas de baile llenas de elegantes reptiles girando al ritmo de la música, mesas de buffet apiladas con deliciosos manjares e incluso un desfile de moda que mostraba las últimas tendencias en la alta costura de reptiles.

Pero justo cuando Colin estaba a punto de unirse a la fiesta, ocurrió un desastre. Las luces parpadearon y la música se detuvo abruptamente mientras una voz resonaba por los altavoces.

"Damas y caballeros, me temo que tenemos un problema", anunció el anfitrión, un caimán distinguido llamado Alberto.

"Parece que la atracción principal del gala, la legendaria Joya del Nilo, ¡ha desaparecido!"

Los reptiles intercambiaron miradas preocupadas mientras susurraban entre ellos. La Joya del Nilo era una piedra preciosa de valor incalculable que se rumoreaba traía buena suerte a quien la poseía. Su desaparición amenazaba con arruinar el gala y arrojar una sombra sobre toda la comunidad de reptiles.

Pero Colin no iba a permitirlo. Con un destello de determinación en sus ojos, dio un paso adelante. "Encontraré la Joya del Nilo", declaró audazmente. "¡Y lo haré con estilo!"

Con el aliento de la multitud, Colin partió en su búsqueda de la joya perdida. Buscó arriba y abajo, peinando cada rincón del pantano en busca de cualquier señal de la preciosa piedra. En su camino, enfrentó todo tipo de obstáculos: un mono travieso columpiándose de los árboles, una serpiente resbaladiza guardando un pasaje secreto e incluso una tortuga gruñona que se negaba a moverse de su lugar.

Pero Colin no se dejó disuadir. Con su ingenio agudo y su impecable sentido de la moda, superó al mono, encantó a la serpiente y persuadió a la tortuga para que le ayudara. Y finalmente, después de horas de búsqueda, encontró una cueva escondida en lo profundo del pantano.

Dentro de la cueva, iluminada por un rayo de luz dorada, yacía la Joya del Nilo, reluciente y radiante como siempre. El corazón de Colin se llenó de orgullo mientras recogía la joya y la sostenía en alto.

"¡Lo logré!" exclamó triunfalmente. "¡Encontré la Joya del Nilo!"

Al salir de la cueva, fue recibido por aplausos y vítores de los reptiles reunidos. Alberto, el caimán, se apresuró hacia él, con los ojos brillantes de gratitud. "Has salvado el gala, Colin", dijo. "Y nos has mostrado a todos lo que significa ser verdaderamente elegante."

Con la joya devuelta a salvo, el Gran Gala de los Caimanes continuó en pleno apogeo. Colin fue aclamado como un héroe y su atuendo fue declarado el más fabuloso de todos. Mientras bailaba y celebraba con sus nuevos amigos, Colin no pudo evitar sentir un sentido de orgullo y satisfacción.

Desde ese día, Colin el Cocodrilo fue conocido en todas partes como el reptil más elegante del Pantano de los Manglares. Y en cuanto al Gran Gala de los Caimanes? Bueno, se convirtió en una tradición anual, con Colin como invitado de honor, deslumbrando a la multitud con sus looks a la moda y su sonrisa encantadora.

Y así, con un poco de valentía y mucho estilo, Colin demostró que incluso un cocodrilo puede ser un héroe.